AF810584

Vogelschutzgesetz

für das Deutsche Reich

vom 30. Mai 1908

nebst den einschlägigen Gesetzen, Verordnungen und polizeilichen Bestimmungen sowie einem Sachregister

herausgegeben von

Dr. Robert Heindl.

1909
München und Berlin
J. Schweitzer Verlag (Arthur Sellier).

Druck: Dr. F. P. Datterer & Cie., Freising.

Inhalts-Verzeichnis.

Einleitung.

Die reichsgesetzliche Regelung des Schutzes nützlicher Vögel ist seit dem Jahre 1870 häufig Gegenstand der Erwägung im Bundesrat und Reichstag gewesen. Nach dem Scheitern mehrerer Gesetzentwürfe wurde der am 28. Januar 1888 dem Reichstag vorgelegte Entwurf eines Vogelschutzgesetzes, das sich im wesentlichen an den Wortlaut des „österreichisch-italienischen Vertrages vom 5./29. November 1875 über den Schutz der für die Bodenkultur nützlichen Vogelarten“ anschließt, am 22. März 1888 als Reichsgesetz publiziert. Es sollte dadurch ein für das ganze Reichsgebiet verwertbarer Rahmen geschaffen werden, innerhalb dessen die Bedürfnisse der einzelnen Bundesstaaten ausreichend zur Geltung kommen konnten.

Vor allem aber sollte das Gesetz eine geeignete Grundlage zur Herbeiführung internationaler Vereinbarungen bilden. Diese Aufgabe hat das Gesetz erfüllt die Convention pour la protection des oiseaux utiles à l'agriculture de dato Paris 19. mars 1902 fußt im wesentlichen auf den Bestimmungen des Gesetzes vom 22. März 1888.

Auch der weiteren Aufgabe, einen wirksamen Vogelschutz innerhalb des Reichsgebietes zu gewähren, ist das Gesetz vom 22. März 1888 gerecht geworden. Nach den im Laufe der Jahre gesammelten Erfahrungen darf angenommen werden, daß das Gesetz unter Vermeidung aller Uebertreibungen zweckmäßige und ausreichende Vorschriften für den Schutz der nützlichen Vögel enthält. Und wenn das Gesetz am 30. Mai 1908 eine neue Fassung erhielt, so geschah das hauptsächlich nur deshalb, weil Deutschland ebenso wie die anderen an der Pariser

Uebereinkunft vom 19. März 1902 beteiligten Staaten verpflichtet war, seine Gesetzgebung mit den Bestimmungen der Uebereinkunft in Einklang zu bringen.

Als Reichsrecht geht das VSchG. vom 30. Mai 1908 den Landesrechten vor und schafft sohin auf dem Gebiete des Vogelschutzes ein einheitliches Recht für ganz Deutschland. Nur dort, wo im Gesetz ausdrücklich eine landesrechtliche Regelung zugelassen ist (§§ 5, 8 b und 9), bleiben die landesgesetzlichen Bestimmungen in Kraft und können neue vom Reichsgesetz abweichende Landesgesetze erlassen werden. Insbesondere bleiben (abgesehen vom Höchststrafmaß) gemäß § 9 jene landesrechtlichen Bestimmungen unberührt, die zum Schutz der Vögel weitergehende Verbote enthalten, so daß das Reichsvogelschutzgesetz das Mindestmaß von Vogelschutzvorschriften darstellt.

Vogelschutzgesetz

vom 30. Mai 1908.

Inhalt von § 1.

Die §§ 1 mit 4 enthalten in tunlichst engem Anschluß an die bezüglichen Festsetzungen des österreichisch-italienischen Vertrages vom 5./29. November 1875 ein Verbot derjenigen Veranstaltungen, die ganz besonders geeignet sind, eine massenhafte Vertilgung von Vögeln herbeizuführen.

Vorangestellt ist in § 1 als die weitgehendste und allgemeinste Maßnahme das Verbot der die Fortpflanzung der Vögel beeinträchtigenden Nachstellungen, das Verbot der Zerstörung der Brutstätten und Eier. Ausnahmen sind nur zugelassen in betreff der an Gebäuden u. dgl. befindlichen Nester und der als Nahrungsmittel geschätzten Eier von Möven und Kiebitzen. Diese Vögel gehören zwar nach den meisten Landesgesetzen zum jagdbaren Federwild und fallen daher gemäß § 8 b ohnehin nicht unter die Verbotsbestimmungen des Gesetzes; da indes der Rechtszustand nicht im ganzen Reichsgebiet gleich ist, erschien die Aufnahme dieser Ausnahmebestimmung rätlich (vgl. Motive Reichstag 1887/88 Anlagen Nr. 90). Abgesehen von dieser in § 1 Abs. 3 und 4 gestatteten Ausnahme läßt noch § 5 Abs. 3 ein Ausnehmen von Eiern und Jungen zu wissenschaftlichen und Züchtungszwecken zu.

§ 1.

Das Zerstören [1]) und das Ausheben von Nestern [2]) oder Brutstätten [2]) der Vögel [3]), das Zerstören [1]) und Ausnehmen von Eiern, das Ausnehmen und Töten [1]) von Jungen ist verboten [4]).

Desgleichen ist der Ankauf [5]), der Verkauf [5]), die An- und Verkaufsvermittlung [6]), das Feilbieten [7]), die Ein-, Aus- und Durchfuhr [5]) und der Transport [5]) der Nester, Eier und Brut der in Europa einheimischen Vogelarten [8]) untersagt [9]).

Dem Eigentümer und dem Nutzungsberechtigten

und deren Beauftragten steht jedoch frei, Nester, welche Vögel in oder an Wohnhäuser oder anderen Gebäuden und im Innern von Hofräumen gebaut haben, zu zerstören.

Auch findet das Verbot keine Anwendung auf das Einsammeln, den Ankauf, Verkauf, die An- und Verkaufsvermittlung, das Feilbieten, die Ein-, Aus- und Durchfuhr und den Transport der Eier von Möven und Kiebitzen, soweit es nicht durch Landesgesetz [10]) oder durch landespolizeiliche Anordnungen [11]) auf die Eier dieser Vögel für bestimmte Orte oder für bestimmte Zeiten ausgedehnt wird.

1. Das Zerstören von Nestern und Töten von Jungen, welches an sich nicht bezweckt wurde, aber sich als notwendige Folge einer anderen rechtmäßigen Handlung nicht vermeiden ließ, z. B. beim Fällen eines Baumes, ist nicht strafbar, wie die StenB. 1888 S. 1128 ausdrücklich hervorheben.

2. Auch leeren.

3. Hier sind nur jene Vögel gemeint, die privatrechtlich als herrenlose Sache zu betrachten sind. Ausgenommen von dem Verbot des § 1 Abs. 1 sind die im Privateigentum stehenden Vögel (Stubenvögel, Geflügel, Menagerietiere), das nach Maßgabe der Landesgesetze jagdbare Federwild, die in § 8 c namentlich genannten Vögel und die gemäß § 5 etwa landesrechtlich bezeichneten Schädlinge. Beachte auch § 1 Abs. 3 und 4.

4. Dieses Verbot gilt (im Gegensatz zu § 3) für das ganze Jahr.

5. Sowohl im Handel als auch unter Privaten verboten, wie e contrario aus § 3 Abs. 1 zu schließen ist.

6. Obwohl aus den Motiven (Anl. 1905/06 S. 3838) hervorgeht, daß sich diese Bestimmung nicht gegen Zeitungen richten will, die Vogelhandel-Inserate publizieren, dürfte doch eine Verfolgung der Zeitungen aus

§ 1 (bzw. 3) gerechtfertigt sein. Eine Verfolgung der Zeitungen nach § 49 StGB. ist unmöglich, da es sich um eine Uebertretung handelt. Entscheidungen über die Strafbarkeit derartiger Inserate existieren noch nicht.

7. Feilbieten ist gleichbedeutend mit Feilhalten und erfordert nur, daß die Waren zum Verkauf bestimmt sind, und daß diese Bestimmung in einer den Umständen entsprechenden Weise an den Tag gelegt wird. Es genügt das Bereithalten zum Verkauf an das Publikum; Anpreisen und Zurschaustellen der Ware ist nicht erforderlich (ObLGSt. 30. Juli 1908).

8. Dagegen dürfen Eier von Vögeln, die außerhalb Europa heimisch sind, z. B. Kanarienvogeleier verhandelt werden, auch wenn sie in Deutschland oder Europa gelegt wurden.

9. Beachte § 1 Abs. 4.

10. 11. a) In Preußen ist § 42 der JO. maßgebend:

§ 42.

Kiebitz- und Möveneier dürfen nur bis 30. April einschließlich eingesammelt werden.

Durch Beschluß des Bezirksausschusses kann dieser Termin bis zum 10. April einschließlich zurückverlegt oder für Möveneier bis zum 15. Juni einschließlich verlängert werden.

Das Sammeln der Kiebitz- und Möveneier darf von anderen Personen als dem Jagdberechtigten nur in dessen Begleitung oder mit dessen schriftlich erteilter Erlaubnis, welche der Sammelnde bei sich zu führen hat, vorgenommen werden.

Eier oder Junge von anderem jagdbaren Federwild auszunehmen, ist auch der Jagdberechtigte nicht befugt, mit Ausnahme derjenigen Eier, welche ausgebrütet werden sollen.

Zum Ausnehmen von Eiern, welche zu wissenschaftlichen oder zu Lehrzwecken benutzt werden sollen, bedarf es der Genehmigung der Jagdpolizeibehörde.

Kiebitze und alle Arten Möven sind als Sumpf- und Wasservögel nach § 1 b JO. in ganz Preußen (außer Hohenzollern) jagdbar (vgl. Görcke „Die preußische Jagdordnung vom 15. Juli 1907“ 4. Auflage ad § 42:) Das Einsammeln von Kiebitz- und Möveneiern ist Jagdausübung und steht als solche nur dem Jagdberechtigten zu, ausnahmsweise bedarf er dazu aber keines Jagdscheines (§ 30 JO.). Wie jede andere Jagdausübung (§ 75 JO.) darf auch das Einsammeln dieser Eier nur in Begleitung des Jagdberechtigten oder auf Grund einer schriftlichen Erlaubnis erfolgen. Wer überhaupt ohne erteilte Erlaubnis des Jagdberechtigten Eier sammelt, begeht zwar eigentlich ein Jagdvergehen, ist aber nur aus dem besonderen § 368 Nr. 11 StGB. zu strafen. Wer mit Erlaubnis aber ohne den Erlaubnisschein bei sich zu führen, Eier sammelt, ist aus § 75 JO. zu bestrafen. Andere wollen unrichtig im letzteren Fall den Sammler als „unbefugten“ aus § 368 Nr. 11 StGB. strafen, noch andere ihn als straflos ansehen. Vgl. hiezu Dickel, Preuß. Wildschongesetz 1904, S. 46. Der Handelsvertrieb der Kiebitz- und Möveneier unterliegt vom Beginn des 15. Tages nach dem Schluß der Einsammelzeit den gleichen Beschränkungen wie der Wildvertrieb nach der Schonzeit.

b) In *Bayern* sind die Kiebitze und Möven (mit Ausnahme der Lachmöve und Seeschwalbe) jagdbar, Verordnung die jagdbaren Tiere betreffend vom 11. Juli 1900 § 1 B 15 und 25. Gemäß Art. 1a des Gesetzes die Ausübung der Jagd betreffend vom 30. März 1850 / 9. Juni 1899 und gemäß § 10 der VO. vom 5. Oktober 1863, polizeiliche Vorschriften über Ausübung und Behandlung der Jagden betreffend, ist das Ausheben der Nester der Kiebitze und Möven nicht nur allgemein, sondern auch dem Jagdberechtigten verboten.

c) In *Württemberg* sind Kiebitze und Lachmöven unbedingt geschützte Vögel (VO. vom 16. August 1878); in *Baden* Kiebitze und Möven jagdbar (Gesetz vom 29. April 1886).

Inhalt von § 2.

Der § 2 verbietet jene Fangarten, die eine Massenerlegung ermöglichen. Ausgenommen vom Verbot des § 2 sind die in § 8 genannten Vögel, doch ist auch bei diesen der Schlingenfang untersagt.

§ 2.

Verboten ist ferner:

a) Jede Art des Fangens [1]) von Vögeln, solange der Boden mit Schnee bedeckt ist [2]) [3]);

b) Das Fangen [1]) von Vögeln mittels Leimes und Schlingen [4]);

c) Das Fangen [1]) und die Erlegung [5]) von Vögeln zur Nachtzeit mit Netzen oder Waffen; als Nachtzeit gilt der Zeitraum, welcher eine Stunde nach Sonnenuntergang beginnt und eine Stunde vor Sonnenaufgang endet;

d) Das Fangen [1]) von Vögeln mit Anwendung von Körnern oder anderen Futterstoffen, denen betäubende oder giftige [6]) Bestandteile beigemischt sind, oder unter Anwendung geblendeter Lockvögel [7]);

e) Das Fangen [1]) von Vögeln mittels Fallkäfigen und Fallkästen, Reusen, großer Schlag- und Zugnetze, sowie mittels beweglicher und tragbarer, auf dem Boden oder quer über das Feld, das Niederholz, das Rohr oder den Weg gespannter Netze.

Der Bundesrat ist ermächtigt, auch bestimmte andere Arten des Fangens sowie das Fangen mit Vorkehrungen, welche eine Massenvertilgung von Vögeln ermöglichen, zu verbieten [8]).

1. Beim „fangen" muß der Wille darauf gerichtet sein, den bisher freien Vogel in die eigene Verfügungsgewalt zu bringen.

Wer einen Vogel, der noch nicht fliegen kann oder fluglahm ist, aus Mitleid an sich nimmt, kann nicht wegen Vogel-„fangens“ verfolgt werden. Andererseits ist unter „fangen“ nicht bloß die faktische Besitzergreifung, sondern jede zur Herbeiführung der sofortigen Besitzergreifung geeignete Handlung, also insbesondere das Aufstellen einer zum Vogelfang geeigneten Vorrichtung zu verstehen. cf. Riedel-Sutner, BStGB. zu Art. 125 Anm. 6 c.

Auch § 4 BSchG. betont ausdrücklich, daß dem Fangen jegliche Art des bloßen Nachstellens gleichgeachtet wird.

Dagegen ist das Erlegen (Schießen) der Vögel durch § 2a nicht verboten. StenB. 1888 S. 1102.

2. Tatfrage.

3. Gemäß § 5 Abs. 5 ist dem Bundesrat die Befugnis zur Gewährung von Ausnahmen zu § 2 lit. a vorbehalten, da das Verbot des Vogelfangs für die Zeit, während welcher der Boden mit Schnee bedeckt ist, im Zusammenhalt mit dem § 3 in einigen Gebirgsgegenden dem gänzlichen Verbot des Vogelfangs gleich käme. Gebrauch hat der Bundesrat von dieser Befugnis noch nicht gemacht.

4. Vgl. § 8 Anm. 14.

5. Nicht jedes Töten ist „erlegen“. Man darf z. B. Vögel töten, die sich beim Anflug an Telegraphendrähte, Leuchtfeuer usw. verletzt haben. Solche tote Vögel gehören dann, wenn sie jagdbar sind, dem Jagdberechtigten; sonst sind sie der allgemeinen Okkupation unterworfen. cf. RB. 1907/08 Aktenstück 842 S. 5102.

Wer derart getötete jagdbare Vögel sich aneignet, begeht nicht Unterschlagung oder Diebstahl, sondern ein Vergehen nach § 292 StGB. Ein ähnlicher Fall liegt vor, wenn jemand Vögel von der Flur, die sie schädigen, verjagt und hiebei zufällig ein Tier tötet. Auch hier keine Uebertretung des Vogelschutzgesetzes, wohl aber eventuell ein Vergehen nach § 292 StGB.

6. Auch die gemäß § 8 durch § 2 nicht geschützten jagdbaren Vögel dürfen nicht mit giftigen Ködern gefangen werden (cf. z. B. VO. vom 5. Oktober 1863, Ausübung der Jagden betreffend § 14).

7. Hiernach ist zweifellos auch das Fangen im „Vogelherd“ verboten. cf. RB. S. 5097.

8. Der Bundesrat hat von dieser Ermächtigung bisher noch keinen Gebrauch gemacht.

Inhalt von § 3.

§ 3 ist insofern weiter gefaßt als § 2, als er nicht nur bestimmte Fangarten, sondern den Vogelfang überhaupt verbietet; andererseits ist § 3 enger als § 2, als sein Verbot auf bestimmte Jahreszeiten beschränkt ist (abgesehen von Abs. 2).

§ 3.

In der Zeit vom 1. März bis zum 1. Oktober [1]) [2]) [3]) ist das Fangen [4]) und die Erlegung [5]) von Vögeln [6]) sowie der Ankauf, der Verkauf und das Feilbieten [7]), die Vermittelung [8]) eines hiernach verbotenen An- und Verkaufs, die Ein-, Aus- und Durchfuhr von lebenden [9]) sowie toten [10]) Vögeln der in Europa einheimischen Arten überhaupt, ebenso der Transport solcher Vögel zu Handelszwecken [11]) untersagt [12]).

Dieses Verbot erstreckt sich für Meisen, Kleiber und Baumläufer auf das ganze Jahr [13]) [14]).

Der Bundesrat ist ermächtigt, das Fangen und die Erlegung bestimmter Vogelarten sowie das Feilbieten und den Verkauf derselben auch außerhalb des in Abs. 1 bestimmten Zeitraums allgemein oder für gewisse Zeiten oder Bezirke zu untersagen [15]).

1. Die Zeit der Paarung, der Brut und Fütterung der Jungen.

2. In Bayern ist für eine Reihe von Vögeln diese Frist auf das ganze Jahr ausgedehnt: Blaukehlchen, Braunkehlchen, Gartenrotschwanz, Hausrotschwanz, Grasmücken, Nachtigallen, Rotkehlchen, Schwarzkehlchen und Zaunkönige. Diese Vögel dürfen also weder gefangen noch

erlegt, noch in lebendem oder toten Zustand verhandelt werden (VO. vom 19. Oktober 1908, den Schutz von Vögeln betr. § 1 Abs. 2 — vgl. Anhang —). Eine Anzahl weiterer Vögel dürfen in Bayern zwar während der vom § 3 freigelassenen Winterzeit (1. Oktober bis 1. März) in lebendem Zustand verhandelt werden; jedoch ist es während des ganzen Jahres verboten, sie zu fangen, zu erlegen oder tot zu verhandeln (VO. vom 19. Oktober 1908 § 1 Abs. 1 — vgl. Anhang —). Diese Vögel sind: Ammern, Bachstelzen, Blau- und Braunkehlchen, Braunellen, Drosseln mit Ausnahme der Krametsvögel, Eulen mit Ausnahme des Uhus, Finken, Fliegenschnapper, Gartenrotschwanz, Goldamsel, Goldhähnchen, Grasmücken, Gartenlaubsänger, Teich- und Sumpfrohrsänger, Hausrotschwanz, Lerchen, Kuckuck, Mandelkrähen, Nachtigallen, Nachtschwalben, Pieper, Rotkehlchen, Schwalben, Segler, Schwarzkehlchen, Schwarzplättchen, Spechte, Sprosser, Stare, Steinschmätzer, Störche, Wendehälse, Wiedehopfe, Zaunkönige.

Bezüglich Württemberg cf. Anm. 14 zu § 3.

3. Einer Anregung, entsprechend dem preußischen Wildschongesetz, den Vogelhändlern zu gestatten, die vor dem 1. März gefangenen Vögel in einer gewissen Nachfrist noch verkaufen zu dürfen, da sonst nicht abzusehen sei, was die Händler nach dem 1. März mit ihrem Vogelbestand anfangen sollten, wurde bei Beratung des Gesetzes keine Folge gegeben (KB. 1907/08 S. 5099).

4. cf. § 2 Anm. 1.

5. cf. § 2 Anm. 5.

6. Alle Vögel mit Ausnahme:

1. der Meisen, Kleiber und Baumläufer das ganze Jahr geschützt (cf. § 3 Abs. 2),

2. des privaten Federviehs (entbehrt während des ganzen Jahres des Schutzes),

3. der Schädlinge, die in § 8 aufgezählt sind (entbehren das ganze Jahr des Schutzes),

4. des jagdbaren Federwildes (nur während der für jede Art besonders festgesetzten Schonzeit geschützt; cf. § 8b).

7. cf. § 1 Anm. 7. Es ist sonach auch das Halten geschützter Vögel in den Verkaufsräumen für Vögel an sich schon als Zuwiderhandlung gegen das VSchG. zu erachten.

8. cf. § 1 Anm. 6.

9. Mit lebenden Vögeln zu handeln, kann während des ganzen Jahres bei Unzuverlässigkeit gemäß § 35 II GewO. verboten werden (beachte den Anhang).

10. Hieher gehören nicht ausgestopfte oder konservierte Vögel, sondern nur kürzlich Getötete (StenB. 1888 S. 812).

11. Es wurde ausdrücklich nur der Transport zu Handelszwecken verboten, um in den Fällen, wo bei einem Umzuge oder einer Reise ein Transport von Stubenvögeln stattfindet, den Besitzer vor Schikanen zu bewahren (RB. 1908 S. 5102).

12. Strafe § 6; dagegen ist das Halten der geschützten Vögel weder Privaten noch Händlern (beachte § 1 Anm. 7) in der Verbotszeit untersagt. Ein derartiges Verbot wäre aber (in Preußen auf Grund des Gesetzes vom 11. März 1850 über die Polizeiverwaltung) in Form einer Polizeiverordnung denkbar.

13. Diese drei Arten sind als die einzigen unbedingt und unbefristet durch das VSchG. geschützt. Maßgebend war einerseits ihr hoher volkswirtschaftlicher Nutzen, andererseits ihre geringen Singfähigkeiten.

14. In Württemberg wird das in § 3 Abs. 1 ausgesprochene Verbot für die folgenden Vogelarten auf das ganze Jahr ausgedehnt: Ammern, Bachstelzen, Blaukehlchen, Braunellen, Drosseln (Singdrosseln, Misteldrosseln, Schwarzdrosseln [Amseln], Wachholderdrosseln [Krametsvögel] und die übrigen Drosseln), Eulen mit Ausnahme des Uhus, Fliegenfänger, Goldamsel, Goldhähnchen, Grasmücken, Kiebitz, Kuckuck, Lachmöve, Laubvögel, Lerchen, Mauersegler, Nachtigall, Nachtschwalbe, Pieper, Rohrsänger, Rotkehlchen, Rotschwänzchen, Schmätzer, Schwalben, Spechte, Sprosser, Wendehals, Wiedehopf, Zaunkönig.

Alle diese Vögel genießen denselben Schutz wie Meisen, Kleiber und Baumläufer.

Außerdem kann nach § 3 dieser württembergischen MinVerf. durch orts- oder bezirkspolizeiliche Vorschrift (Art. 52 Abs. 2, Art. 53 des Landesstrafpolizeigesetzes vom 27. Dezember 1871) für einzelne nach dem VSchG. geschützte Vogelarten, die nicht schon in der obigen Aufzählung enthalten sind, die in § 3 Abs. 1 VSchG. festgesetzte Schonzeit verlängert oder auf das ganze Jahr erstreckt werden.

Diejenigen Vogelarten, welche zwar den Schutz der §§ 1—5 des VSchG. genießen, aber nicht nach § 2 der genannten württembergischen Verfügung oder gemäß orts- oder bezirkspolizeilicher Vorschrift das ganze Jahr hindurch geschützt sind, dürfen auch außerhalb der in § 3 Abs. 1 des VSchG. bestimmten oder der durch orts- oder bezirkspolizeiliche Vorschrift für sie festgesetzten Schonzeit nur mit besonderer Ermächtigung des Oberamts gefangen und erlegt werden (§ 6 der württemb. MinVerf. vom 27. Februar 1909). Für die Erteilung dieser Ermächtigung, welcher eine Rücksprache mit dem Forstamt vorauszugehen hat, sind die Vorschriften des § 4 Abs. 4 genannter Verfügung maßgebend (cf. Anhang).

Der Handel mit derartigen Vögeln regelt sich jedoch in Württemberg nach der allgemeinen Vorschrift des § 3 VSchG.

§ 4.

Dem Fangen [1]) im Sinne dieses Gesetzes wird jedes Nachstellen zum Zweck des Fangens oder Tötens von Vögeln, insbesondere das Aufstellen von Netzen, Schlingen, Leimruten oder anderen Fangvorrichtungen gleichgeachtet.

1. cf. § 2 Anm. 1. Der Begriff „Fangen" umfaßt ähnlich wie der Begriff „Jagen" (cf. Pollwein, Bayerisches Jagdgesetz 4. Aufl. S. 73) nicht bloß die unmittelbare Handlung der Okkupation. Auch wenn die Aufstellung einer Schlinge behufs Einfangens noch nicht völlig beendigt,

sondern erst begonnen ist, liegt ein Fangen vor, RGStr. Bd. 11 S. 251, Bd. 15 S. 268, OLG. M. Bd. 6 S. 98; Bd. 8 S. 196.

Der Begriff des Fangens setzt die Absicht, den Besitz für sich zu erwerben, nicht voraus, RGStr. Bd. 4 S. 261. Derjenige, welcher nur aus Freude an der Jagd Vögel erlegt und sodann liegen läßt, fällt, wenn er bewußt rechtswidrig handelt, unter § 4. cf. RGStr. Bd. 14 S. 419, Bd. 22 S. 115. Es ist ohne Belang, ob der Kontravenient für sich oder einen anderen die Vögel in Besitz nehmen wollte. cf. OLG. M. StS. Bd. 5 S. 135.

Wegnahme des in einer von einem Dritten gelegten Schlinge gefangenen Vogels ist nicht Diebstahl, sondern Uebertretung des VSchG. event. Jagdvergehen nach § 292 StGB. RGStr. Bd. 23 S. 89.

§ 5.

Vögel, welche dem jagdbaren Feder- und Haarwild und dessen Brut und Jungen, sowie Fischen und deren Brut nachstellen, dürfen nach Maßgabe der landesgesetzlichen Bestimmungen über Jagd und Fischerei [1]) von den Jagd- oder Fischereiberechtigten und deren Beauftragten getötet werden.

Wenn Vögel in Weinbergen, Gärten, bestellten Feldern, Baumpflanzungen, Saatkämpen und Schonungen Schaden anrichten, können die von den Landesregierungen bezeichneten Behörden [2]) dem Eigentümer und Nutzungsberechtigten der Grundstücke und deren Beauftragten oder öffentlichen Schutzbeamten (Forst- und Feldhütern, Flurschützen usw.), soweit dies zur Abwendung dieses Schadens notwendig ist, das Töten solcher Vögel mit Feuerwaffen innerhalb der betroffenen Oertlichkeiten auch während der im § 3 Abs. 1 bezeichneten Frist gestatten [3]). Das Feilbieten [4]) und der Verkauf[5]) der auf Grund solcher Erlaubnis erlegten Vögel sind unzulässig[6]).

Ebenso können die in Abs. 2 bezeichneten Behörden einzelne Ausnahmen von den Bestimmungen in §§ 1—3 dieses Gesetzes zu wissenschaftlichen oder Lehrzwecken, zur Wiederbevölkerung mit einzelnen Vogelarten, sowie für Stubenvögel[7]) für eine bestimmte Zeit und für bestimmte Oertlichkeiten bewilligen[8]).

Der Bundesrat bestimmt die näheren Voraussetzungen, unter welchen die im Abs. 2 und 3 bezeichneten Ausnahmen statthaft sein sollen[9]).

Von der Vorschrift unter 2a kann der Bundesrat für bestimmte Bezirke eine allgemeine Ausnahme gestatten[9]).

1. In Preußen § 48 der JO.:

§ 48. Der Bezirksausschuß ist befugt, für den Umfang des ganzen Regierungsbezirkes oder einzelne Teile des letzteren diejenigen nicht jagdbaren Vögel zu bezeichnen, auf welche die Ausnahmebestimmung des § 5 Abs. 1 des RG., betreffend den Schutz von Vögeln, vom 22. März 1888 dauernd oder vorübergehend Anwendung finden darf.

Zum Schutz der Fischerei kommt § 67 JO. in Betracht:

§ 67. Die Jagdpolizeibehörde kann die Eigentümer und Pächter solcher zur Fischerei dienenden Seen und Teiche, die nicht zu einem Eigenjagdbezirke gehören (§ 13 Abs. 1 JO.), selbst wenn die Jagd auf ihnen ruht, ermächtigen, jagdbare und nicht jagdbare Tiere, welche der Fischerei Schaden zufügen, zu jeder Zeit auf jede erlaubte Weise zu fangen, namentlich auch mit Anwendung von Schußwaffen zu erlegen. Mit Zustimmung der Jagdpolizeibehörde kann diese Ermächtigung auf bestimmt zu bezeichnende Beauftragte des Eigentümers oder Pächters übertragen werden. Der Jagdberechtigte kann verlangen, daß ihm die erlegten Tiere, soweit sie seinem Jagdrecht unterliegen, gegen das übliche Schußgeld überlassen werden.

Die Ermächtigung darf Personen, welchen der Jagdschein versagt werden muß, nicht erteilt werden und ist widerruflich. In ihr sind die Tierarten, zu deren Erlegung die Befugnis erteilt wird, bestimmt zu bezeichnen.

Die weitergehenden Bestimmungen der Fischereigesetze werden hierdurch nicht berührt.

(cf. Görcke, JO. 4. Aufl. S. 95:) Da der Abs. 3 die weitergehenden Vorschriften aufrecht erhalten hat, ist § 45 FischG. insoweit bestehen geblieben, als er den Fischereiberechtigten mehr Rechte wie § 67 gibt. Während nach dem letzteren die erlegten Tiere, soweit sie dem Jagdrecht des Jagdberechtigten unterliegen, gegen das übliche Schußgeld überlassen werden müssen, enthält § 45 diese Beschränkung nicht und es darf also der Fischereiberechtigte alle nicht mit der Schußwaffe erlegten Taucher, Eisvögel, Reiher, Kormorane und Fischaare behalten ohne Unterschied, ob sie jagdbar sind oder nicht. Alle sonst erlegten jagdbaren Tiere, z. B. wilde Enten, gleichviel ob mit oder ohne Schußwaffe erlegt, muß der Fischereiberechtigte aber herausgeben.

Wird der Abschuß auf Grund einer Ermächtigung des § 67 vorgenommen, so bedarf es nach § 30 JO. keines Jagdscheins. Stellt der Fischzüchter aber ohne solchen aus § 45 jagdbaren Tieren nach, so muß er einen Jagdschein haben, denn er übt alsdann die Jagd ohne eine Ermächtigung, wenn auch auf Grund eines besonderen Rechtes aus. (Ebert in Ztschr. f. Jagdr. 1907 S. 135).

In Bayern sind dem Jagd- und Fischereiberechtigten keine Befugnisse eingeräumt.

2. Preußen: Landrat bzw. in Stadtkreisen Ortspolizeibehörde.

Bayern: Polizeidirektion München bzw. Distriktspolizeibehörde.

Württemberg: Oberämter.

3. Preußen:

§ 66 JO. Die Jagdpolizeibehörde kann die Besitzer von Obst-, Gemüse-, Blumen- und Baumschulanlagen ermächtigen, Vögel und Wild, welche in den genannten Anlagen Schaden anrichten, zu jeder Zeit mittelst Schußwaffen zu erlegen. Der Jagdberechtigte kann verlangen, daß ihm die erlegten Tiere, soweit sie seinem Jagdrecht unterliegen, gegen das übliche Schußgeld überlassen werden.

Die Ermächtigung darf Personen, welchen der Jagdschein versagt werden muß, nicht erteilt werden und ist widerruflich.

Bayern: § 2 der Kgl. Verordnung, den Schutz von Vögeln betreffend vom 19. Oktober 1908; vgl. Anhang.

Bezüglich der Worte „die erforderlichen weiteren Erhebungen" (§ 2 Abs. 3 dieser VO.) ist zu bemerken, daß Erhebungen anzustellen sind, ob das Schießen an dem im Gesuch bezeichneten Ort für dritte Personen gefährlich ist, ob und wie der Ort umfriedet ist, ob Wege vorbeiführen. Auch ist tunlichst ein Geschoßmuster zu erholen. Des weiteren dürfte es sich empfehlen, die Bewilligung stets nur widerruflich zu gewähren und nur das Abschießen der am Boden sitzenden Vögel zu gestatten, wenn über die Umfriedung fliegende Geschosse Schaden anrichten können. cf. auch die bayer. MinVO. vom 6. Dezember 1889.

Württemberg: § 4 der Ministerialverfügung, betreffend den Schutz von Vögeln vom 27. Februar 1909. cf. Anhang.

4. cf. Anm. 7 zu § 1.

5. Der Ankauf ist nach dem VSchG. nicht ausdrücklich verboten; er qualifiziert sich aber als Hehlerei gemäß § 259 StGB. Nur in Württemberg ist ausdrücklich durch Min.-Verf. vom 27. Februar 1909 § 4 auch der Ankauf untersagt.

6. Durch den Abs. 2 des § 5 VSchG. ist sonach das Notwehrrecht des § 53 StGB. im VSchG. modifiziert, indem der Eigentümer und Nutzungsberechtigte (z. B. Pächter) ausdrücklich um Erlaubnis nachsuchen muß, bevor er die Schädigung abwendet. Das Vorliegen aller Begriffsmerkmale der Notwehr schließt eine Uebertretung des VSchG. nicht aus. Oberstes Landgericht 31. Mai 1902. Auch die Berufung auf § 228 BGB. (Notstand) macht nicht straffrei.

Es handelt sich hier natürlich nur um die vom VSchG. geschützten Vögel. Zum Abschuß der durch § 8 ausgenommenen Vögel ist keine Erlaubnis gemäß § 5 nötig. Doch dürfte (man denke vor allem an das Schießen von Sperlingen in Privatgärten) häufig entweder eine polizeiliche Erlaubnis gemäß § 367 Ziff. 8 StGB. nötig sein, wonach zum Schießen an bewohnten Orten die polizeiliche Erlaubnis einzuholen ist, oder eine Forstschutzkarte, ein Schutzgewehrschein, wenn es sich um Tötung von Vögeln in Jagdrevieren handelt (cf. Art. 15 Bayer. Gesetz die Ausübung der Jagd betreffend). In manchen Fällen ist auch eine Jagdkarte nötig, falls die betreffenden Vögel zwar nicht unter das VSchG., wohl aber unter den landesrechtlichen Jagdschutz fallen.

7. Bezüglich des Stubenvögelfangs ist der bayerische Ministerialerlaß vom 6. Dezember 1889 zu beachten: „Bei der Würdigung von Gesuchen um Bewilligung zum Stubenvögelfang werden die Distriktspolizeibehörden im Auge behalten müssen, daß solche Bewilligungen Ausnahmen zu bilden haben. Es ist daher in jedem einzelnen Fall streng zu prüfen, ob besondere Verhältnisse gegeben sind, durch welche die Zulassung einer Ausnahme gerechtfertigt erscheint." Die Bewilligung soll ferner gemäß Entschließung der Kgl. Regierung von Oberbayern K. d. J. vom 11. November 1890 nur mit Einschränkung auf bestimmte Vogelarten und auf eine bestimmte Zahl von zu fangenden Vögeln erteilt werden.

8. In Bayern ist § 2 und § 3 der VO. vom 19. Oktober 1908 maßgebend. Bezüglich des § 2, der die zuständigen Behörden bestimmt, cf. Anm. 2 und 3 zu § 5 VSchG.; § 3 der zitierten VO. regelt die Modalitäten der Ausnahmebewilligung (vgl. Anhang).

In Württemberg ist in den Fällen des § 5 Abs. 3 des VSchG. die Bewilligung einzelner Ausnahmen von den Bestimmungen in §§ 1—3 des Gesetzes und in § 2 der MinVerf. vom 27. Februar 1909 dem Ministerium des Innern vorbehalten (§ 5 der MinVerf. vom 27. Februar 1909).

9. Bisher hat der Bundesrat von dieser Ermächtigung keinen Gebrauch gemacht.

Inhalt von § 6.
§§ 6 und 7 enthalten die Strafbestimmungen.

§ 6.

Zuwiderhandlungen gegen die Bestimmungen dieses Gesetzes oder gegen die von dem Bundesrat auf Grund derselben erlassenen Anordnungen werden mit Geldstrafe bis zu einhundertundfünfzig Mark oder mit Haft bestraft[1] [2]).

Der gleichen Strafe unterliegt, wer es unterläßt, Kinder oder andere unter seiner Gewalt stehende Personen, welche seiner Aufsicht untergeben sind und zu seiner Hausgenossenschaft gehören, von der Uebertretung dieser Vorschriften abzuhalten[3] [4]).

1. Im Sinn des StGB. handelt es sich um Uebertretungen (§ 1 StGB.). Zuständig: Amtsgericht mit oder ohne Zuziehung von Schöffen; polizeiliche Strafverfügung. Die Strafverfolgung verjährt in 3 Monaten. Die Verjährung beginnt mit dem Tag, an dem die Handlung begonnen wurde, ohne Rücksicht auf den Zeitpunkt des Erfolgs. Im Ausland begangene Zuwiderhandlungen gegen das VSchG. werden nicht verfolgt, da keine darauf hinzielenden Gesetze oder Verträge existieren. Die Mindeststrafe ist eine Mark, ein Tag Haft. Ein „Versuch" ist bei den Zuwiderhandlungen gegen das VSchG. nicht strafbar, ebensowenig eine „Beihilfe" gemäß § 49 StGB., wohl aber eine „Anstiftung" gemäß § 48 StGB. Ein „Verweis" im Sinne des § 57 StGB ist zulässig.

2. Der württembergische MinErl. vom 27. Februar 1909 bestimmt außerdem im § 8, daß Zuwiderhandlungen gegen die über die Verbote des VSchG. hinausgehenden Bestimmungen dieses MinErl. und der gemäß § 3 desselben erlassenen orts- oder bezirkspolizeilichen Vorschriften nach Art. 40 des Landespolizeistrafgesetzes vom 27. Dezember 1871 mit Geldstrafe bis zu 60 Mark oder mit Haft bestraft werden.

In Bayern ist für die über die Verbote des VSchG. hinausgehenden Verordnungsbestimmungen Art. 125 Abs. 4 des PStGB. als Strafbestimmung maßgebend: Geldstrafe bis zu 30 *M* und Haft bis zu 6 Tagen.

3. Diese Bestimmung existiert bereits als besondere Art der Uebertretung im StGB. § 361 Ziff. 9 in bezug auf den Schutz der Jagd-, Forst-, Feld- und Fischereigerechtsame.

Wie dieser § 361 Ziff. 9 zu verstehen sei, darüber haben sich die Motive und die meisten Kommentare (Oppenhof, Olshausen, Stenglein, Schwarze) ausgesprochen. In Uebereinstimmung hat auch das Obertribunal im Jahre 1878 eine Entscheidung erlassen: Das Wesen dieser Uebertretung ist in der Unterlassung der pflichtmäßigen und den Umständen nach möglichen Aufsicht zu suchen. Der objektive Umstand, daß die Tat des Kindes vorliegt, begründet noch keine Vermutung; es muß vielmehr dem zu bestrafenden eine schuldhafte Unterlassung nachgewiesen werden.

4. Ob die Kinder selbst bestraft werden können, oder straffrei bleiben (etwa weil sie noch nicht 12 Jahre alt sind), ist gleichgültig.

§ 7.

Neben der Geldstrafe oder der Haft kann [1]) auf die Einziehung [2]) der verbotswidrig in Besitz genommenen, feilgebotenen oder verkauften Vögel, Nester, Eier, sowie auf Einziehung der Werkzeuge erkannt werden, welche zum Fangen oder Töten der Vögel, zum Zerstören oder Ausheben der Nester, Brutstätten oder Eier gebraucht oder bestimmt werden [3]), ohne Unterschied, ob die einzuziehenden Gegenstände dem Verurteilten gehören oder nicht [4]) [5]).

Ist die Verfolgung oder Verurteilung einer bestimmten Person nicht ausführbar, so können die im vorstehenden Absatze bezeichneten Maßnahmen selbstständig erkannt werden [6]).

1. Die Einziehung ist nicht obligatorisch wie bei § 295 StGB., sondern in das Ermessen des Gerichts gestellt, wie bei § 40 StGB.

2. Kann eventuell in einem „Freilassen“ bestehen. Das Eigentum geht bei der Einziehung an den Fiskus über.

3. Voraussetzung ist, daß eine Zuwiderhandlung gegen das VSchG. verübt oder wenigstens versucht ist. Der Verkauf und das Feilhalten von Fangapparaten ist nicht verboten. Eine Einziehung solcher Gegenstände beim Verkäufer ist unstatthaft. Ausgeschlossen ist auch die Einziehung jener Gegenstände, die nur zur Vorbereitung der Straftat gedient haben, z. B. Geräte zum Herstellen der Netze.

4. Es ist anzunehmen, daß in solchen Fällen der nicht unter Anklage gestellte Eigentümer oder Besitzer zu dem Untersuchungsverfahren zugezogen werden muß. Vgl. § 478 Abs. 2 StPO.; Berlin, 11. Dezember 1873 O. Bd. 14 S. 793 und 4. März 1875 O. Bd. 15 S. 192.

5. Auch ohne richterliche Anordnung dürfen Polizeibedienstete Vögel frei lassen, wenn zu befürchten ist, daß die Vögel bei längerer Gefangenschaft sterben würden und daher die Uebersendung des Käfigs ans Amtsgericht zur Bestätigung der Beschlagnahme (§ 98 Abs. 2 StPO.) untunlich ist; BGHE. Bd. 17 S. 123.

Es ist nicht nur selbstverständlich, daß die Polizeibehörde die entsprechende Vorkehrung zu treffen hat, wenn beschlagnahmte Gegenstände wegen Gefahr des Verderbens nicht aufbewahrt werden können (AbgVerh. 1871/72 Beil. S. 102), sondern die Polizeibehörde ist auch nach Art. 102 AG. z. StPO. verpflichtet, den Uebertretungen der Strafgesetze zuvorzukommen und sie, wenn möglich, in ihrem Lauf zu unterdrücken. Die enge Einsperrung der Vögel ist aber eine ärgerniserregende Tierquälerei (§ 360 Nr. 13 StGB.).

6. Der Absatz 2 dehnt das „objektive Strafverfahren“, das sonst nur bei Vergehen und Verbrechen zulässig ist, auf Uebertretungen aus, vgl. § 42 StGB.

Inhalt von § 8.

Während § 5 die besonderen durch die Landesbehörden zulässigen Ausnahmen von den Verboten der §§ 1 mit 3 enthält, spricht § 8 von den allgemeinen Ausnahmen.

§ 8.

Die Bestimmungen des Gesetzes finden keine Anwendung:

a) auf das im Privateigentume befindliche Federvieh [1];

b) auf die nach Maßgabe der Landesgesetze jagdbaren Vögel [2];

c) auf die in nachstehendem Verzeichnisse aufgeführten Vogelarten [3] [4]:

Tagraubvögel [5] mit Ausnahme der Turmfalken, Schreiadler [6], Seeadler [7], Bussarde und Gabelweihen (rote Milane),

Uhus [8] [9],

Würger (Neuntöter),

Sperlinge (Haus- und Feldsperlinge),

Rabenartige Vögel (Rabenkrähen, Nebelkrähen, Saatkrähen, Elstern, Eichelhäher),

Wildtauben [10] (Ringeltauben [10], Hohltauben [10] Turteltauben) [10],

Wasserhühner [10] (Rohr- [10] und Bleßhühner),

Reiher [11], (eigentliche Reiher, Nachtreiher und Rohrdommeln),

Säger (Sägetaucher, Tauchergänse),

alle nicht im Binnenland brütenden Möven [12],

Kormorane,

Taucher [13] (Eistaucher und Haubentaucher).

Jedoch gilt auch für die vorstehend unter a, b, c bezeichneten Vögel das Verbot des Fangens mittels Schlingen [14].

1. Haustiere, Stubenvögel, Vögel in Menagerien usw.

2. Für Preußen vgl. § 1 JO., für Bayern VO. vom 11. Juli 1900.

3. Diese Vögel sind der Nachstellung und Aneignung für jedermann und zu jeder Zeit unterworfen (§§ 958, 960 BGB.), jedoch wird häufig zu ihrem Abschuß die polizeiliche Erlaubnis gemäß § 367 Ziff. 8 StGB. zu erholen sein, welche zum Schießen an bewohnten Orten nötig ist.

4. Da die jagdbaren Vögel dem Jagdrecht unterstehen, kann das im § 8 c aufgeführte Verzeichnis in den einzelnen Bundesstaaten beschränkt werden. Für Württemberg ist hier noch im besonderen die Bestimmung des § 7 der Verfügung vom 27. Februar 1909 zu beachten, wonach der Jagdberechtigte verpflichtet ist, die im Verzeichnis des § 8 genannten Schädlinge abzuschießen, wenn sie überhand nehmen.

5. Ein Vogel zählt noch nicht deshalb zu den Raubvögeln, weil zu seiner Nahrung auch junge Vögel gehören; dies geht daraus hervor, daß § 8 c neben den Tagraubvögeln Würger und rabenartige Vögel aufführt, obgleich diese andere Vögel zu ihrer Nahrung gebrauchen (ObLG. 31. Mai 1902). Zu den Tagraubvögeln gehören vielmehr nur die Geier und Falken. Diese sind aber in manchen Bundesstaaten z. B. in Bayern jagdbar und daher jagdrechtlich geschützt (Bayer. VO. vom 11. Juli 1900, geändert 19. Oktober 1908). Nur der Turmfalke ist nicht jagdbar und fällt unter den Schutz des VSchG.

6. und 7. in Preußen, wie alle Adler jagdbar (§ 1 JO.).

8. Alle übrigen Eulenarten (Nachtraubvögel) unterstehen dem Vogelschutz.

9. In Bayern fällt der Uhu unter Jagdschutz (VO. vom 11. Juli 1900).

10. In Preußen (§ 1 JO.) und in Bayern (VO. vom 11. Juli 1900) jagdbar.

11. In Preußen und Bayern sind alle Reiher mit Ausnahme der grauen oder Fischreiher jagdbar.

12. In Preußen sind alle Möven jagdbar, in Bayern alle Möven mit Ausnahme der Lachmöve und Seeschwalbe.

13. In Bayern jagdbar.

14. Hiernach ist vor allem der Dohnenstieg (Schlingenfang der Krametsvögel) unbedingt verboten. Da § 8 als Reichsgesetz den Landesgesetzen vorgeht, hebt er die entgegenstehenden Vorschriften der Jagdordnungen auf, so daß ausnahmslos der Schlingenfang von Federwild verboten ist; vgl. Uebersicht über die den Krametsvogelfang betreffenden Bestimmungen im Anhang.

§ 9.

Die landesrechtlichen Bestimmungen, welche zum Schutz der Vögel weitergehende Verbote enthalten, bleiben unberührt. Die auf Grund derselben zu erkennenden Strafen dürfen jedoch den Höchstbetrag der in diesem Gesetz angedrohten Strafen nicht übersteigen.

Beilage 1.

Bayern.

Königlich Allerhöchste Verordnung, den Schutz von Vögeln betreffend.

Im Namen Seiner Majestät des Königs. Luitpold, von Gottes Gnaden Königlicher Prinz von Bayern, Regent. Wir finden Uns bewogen, auf Grund des Vogelschutzgesetzes vom 30. Mai 1908 (R.G.Bl. S. 317) und des Art. 125 Abs. 4 des Polizei-Straf-Gesetz-Buchs vom 26. Dezember 1871 nachstehendes zu verordnen:

§ 1. Das Fangen und die Erlegung der in der Anlage I angeführten Vögel, sowie der Ankauf, der Verkauf und das Feilbieten, die Vermittlung eines hiernach verbotenen An- und Verkaufs, die Ein-, Aus- und Durchfuhr von solchen Vögeln in totem Zustande ist auch außerhalb der in § 3 Abs. 1 des Vogelschutzgesetzes vom 30. Mai 1908 festgesetzten Schonzeit (1. März bis zum 1. Oktober), sohin während des ganzen Jahres, verboten.

Der An- und Verkauf und die Vermittlung eines solchen, das Feilbieten, die Ein-, Aus- und Durchfuhr ist hinsichtlich der in Anlage II aufgeführten Vögel auch in lebendem Zustande während des ganzen Jahres untersagt.

§ 2. Die nach § 5 Abs. 2 und 3 des Vogelschutzgesetzes zulässigen Ausnahmsbewilligungen werden von den Distriktspolizeibehörden, in München von der Polizeidirektion, erteilt.

Gesuche um solche Bewilligungen sind seitens der Beteiligten bei der Ortspolizeibehörde ihres Wohnorts oder Aufenthaltsortes anzubringen und von letzterer mit gutachtlicher Äußerung der Distriktspolizeibehörde vorzulegen.

Die Distriktspolizeibehörden haben die Gesuche zu prüfen und die erforderlichen weiteren Erhebungen zu pflegen. Insbesondere ist die gutachtliche Äußerung der Forstbehörden, der landwirtschaftlichen Interessenvertretung, von Vogelschutzvereinen oder anderen Sachverständigen einzuholen.

§ 3. In den Fällen des § 5 Abs. 3 des Vogelschutzgesetzes dürfen Ausnahmebewilligungen nur an ohne Zweifel gut beleumundete Personen erteilt werden. Bei Zulassung solcher Ausnahmen ist ein Erlaubnisschein auszufertigen, welcher zu enthalten hat:

1. den Namen und die genaue Personalbeschreibung des zur Führung des Scheines Berechtigten;
2. den Inhalt der Bewilligung, dann die Örtlichkeit und Zeitdauer, auf welche sich dieselbe erstreckt;
3. den Vorbehalt jederzeitigen Widerrufs der erteilten Bewilligung;
4. alle sonstigen Bedingungen, unter welchen die Ausnahmsbewilligung gewährt wurde;
5. das Verbot des Überlassens des Erlaubnisscheines an andere Personen.

Diesen Erlaubnisschein hat der zu seiner Führung Berechtigte bei Ausübung seiner Befugnisse stets bei sich zu tragen und dem Polizei-, Forst- und Jagdschutz-, dann dem Feldschutz-Personale auf Verlangen vorzuzeigen.

§ 4. Die K. Verordnung vom 5. Oktober 1863, polizeiliche Vorschriften über Ausübung und Behandlung der Jagden betreffend, (Reg.Bl. S. 1657) wird, wie folgt, abgeändert:

1. In § 3, B, letzter Satz werden die Worte: „Ziemer, Drosseln“ gestrichen; dagegen wird beigesetzt:
   für die Wachholderdrossel (den Krammetsvogel) vom 1. März bis 1. Oktober.
2. In § 6 Abs. 1 sind die Worte „und Lerchen“ zu streichen.
3. In § 14 kommen die Worte — jene für den Fang von Zugvögeln ausgenommen — in Wegfall.
4. Der § 17 erhält folgende Fassung:
   In den Jagdrevieren aufsichtslos umherstreifende Hunde, dann Hauskatzen, welche in der Zeit vom 1. März bis 31. August in einer Entfernung von

mindestens 200 m von den nächsten bewohnten Anwesen oder in öffentlichen Parken oder Anlagen umherstreifend betroffen werden, dürfen von dem Jagdausübungsberechtigten oder dem von ihm aufgestellten Jagdaufseher getötet werden.

§ 5. § 1 Buchstabe B der K. Verordnung, die jagdbaren Tiere betreffend, vom 11. Juli 1900 (G. u. V.Bl. S. 693) wird, wie folgt abgeändert:

a) Ziffer 29 hat zu lauten:
die Adler mit Ausnahme der Schrei- und Seeadler,

b) Ziffer 33: „die Milane" und Ziffer 34: „die Bussarde" werden gestrichen.

c) Ziffer 35 erhält Ziffer 33.

§ 6. Gegenwärtige Verordnung tritt mit der Verkündung in Kraft.

Gleichzeitig wird die K. Verordnung vom 15. November 1889, den Schutz von Vögeln betreffend (G. u. V.Bl. S. 573) aufgehoben.

Berchtesgaden, den 19. Oktober 1908.

Luitpold,
Prinz von Bayern,
des Königreichs Bayern Verweser.

v. Brettreich.

Auf Allerhöchsten Befehl:
Der General-Sekretär:
Ministerialrat v. Schreiber.

Anlage I.

Ammern, Bachstelzen, Blau- und Braunkehlchen, Braunellen, Drosseln mit Ausnahme der Krammetsvögel, Eulen mit Ausnahme des Uhu, Finken (d. s. alle Finkenarten, insbesondere Buchfink, Gimpel, Hänfling, Grünfink, Stieglitz, Zeisig mit Ausnahme der Bergfinken, sog. Böhemer und des Sperlings), Fliegenschnapper, Gartenrotschwanz, Goldamsel (Pirol), Goldhähnchen, Grasmücken, Gartenlaubsänger, Teich- und Sumpfrohrsänger, Hausrotschwanz,

Lerchen, Kuckuck, Mandelkrähen (Blauracken), Nachtigallen, Nachtschwalben, Pieper, Rotkehlchen, Schwalben, Segler, Schwarzkehlchen, Schwarzplättchen, Spechte, Sprosser, Stare, Steinschmätzer, Störche, Wendehälse, Wiedehopfe, Zaunkönige.

Anlage II.

Blau- und Braunkehlchen, Garten- und Hausrotschwanz, Grasmücken, Nachtigallen, Rotkehlchen, Schwarzkehlchen, Zaunkönige.

Beilage 2.

Württemberg.

Verfügung der Ministerien des Innern und der Finanzen, betreffend den Schutz von Vögeln. Vom 27. Februar 1909.

Auf Grund des Vogelschutzgesetzes vom 30. Mai 1908 (Reichs-Gesetzbl. S. 117) sowie der Art. 40 und 51 des Landespolizeistrafgesetzes vom 27. Dezember 1871 (Reg.Bl. S. 391) wird nachstehendes verfügt:

§ 1. Gemäß § 1 Abs. 4 des Vogelschutzgesetzes wird untersagt, im Donaukreise Eier von Lachmöven und Kiebitzen einzusammeln.

§ 2. Das in § 3 Abs. 1 des Vogelschutzgesetzes ausgesprochene Verbot, wornach in der Zeit vom 1. März bis zum 1. Oktober das Fangen und die Erlegung von Vögeln, sowie der Ankauf, der Verkauf und das Feilbieten, die Vermittelung eines hiernach verbotenen An- und Verkaufs, die Ein-, Aus- und Durchfuhr von lebenden und toten Vögeln der in Europa heimischen Arten überhaupt, sowie der Transport solcher Vögel zu Handelszwecken untersagt ist, wird außer für Meisen, Kleiber und Baumläufer (§ 3 Abs. 2 des Vogelschutzgesetzes) für die nachbezeichneten Vogelarten auf das ganze Jahr ausgedehnt und zwar für

Ammern, Bachstelzen, Blaukehlchen, Braunellen, Drosseln (Singdrosseln, Misteldrosseln [Ziemer], Schwarzdrosseln [Amseln], Wachholderdrosseln [Krammetsvögel] und die übrigen Drosseln), Eulen mit Ausnahme des Uhu, Fliegenfänger, Goldamsel (Pirol), Goldhähnchen, Grasmücken, Kiebitz, Kuckuck, Lachmöve, Laubvögel, Lerchen, Mauersegler, Nachtigall, Nachtschwalbe (Ziegenmelker), Pieper, Rohrsänger, Rotkehlchen, Rotschwänzchen, Schmätzer, Schwalben, Spechte, Sprosser, Wendehals, Wiedehopf, Zaunkönig.

§ 3. Durch Orts- oder bezirkspolizeiliche Vorschrift (Art. 52 Abs. 2, Art. 53 des Landespolizeistrafgesetzes vom 27. Dezember 1871) kann für einzelne nach dem Vogelschutzgesetz geschützte Vogelarten, welche nicht schon in § 2 dieser Verfügung aufgeführt sind, die in § 3 Abs. 1 des Vogelschutzgesetzes festgesetzte Schonzeit verlängert oder auf das ganze Jahr erstreckt werden.

Auf dem gleichen Wege können einzelne der in § 8 des Vogelschutzgesetzes unter Buchstabe c bezeichneten Vogelarten den Schutzbestimmungen des genannten Gesetzes (§§ 1—5) unter Festsetzung einer den örtlichen Verhältnissen entsprechenden Schonzeit unterstellt werden.

§ 4. In den Fällen des § 5 Abs. 2 des Vogelschutzgesetzes können die Oberämter gestatten, Vögel, welche nicht zu den nach § 3 Abs. 2 des Gesetzes oder nach § 2 dieser Verfügung das ganze Jahr hindurch geschützten Arten gehören, mittelst Feuerwaffen während der in § 3 Abs. 1 des Vogelschutzgesetzes festgesetzten Schonzeit zu töten.

Gesuche um Erlaubnis zum Töten solcher Vögel sind seitens der beteiligten Eigentümer, Pächter oder sonstigen Nutzungsberechtigten von Grundstücken bei der Gemeindebehörde der Markung, auf welcher die der Beschädigung ausgesetzten Grundstücke gelegen sind, anzubringen oder seitens der Gemeindebehörden von Amts wegen zu stellen. Die Gesuche sind von der Gemeindebehörde unter Darlegung des Sachverhalts dem Oberamt zu übermitteln, welches geeignetenfalls eine Äußerung des Forstamts einholen wird.

Von dem Oberamt darf die nachgesuchte Erlaubnis nur dann gegeben werden, wenn der Nachweis als geführt erscheint, daß die Vögel, deren Tötung beantragt wird, einen besonderen Schaden anrichten.

Im übrigen ist die Erlaubnis nur an gut beleumundete Personen in widerruflicher Weise und unter Ausstellung eines Ausweises zu erteilen, welcher den Namen und die Gestaltsbezeichnung des Ermächtigten, die Vogelarten, deren Tötung gestattet wird, die Oertlichkeiten und den Zeitraum, für welche die Ermächtigung gewährt wird und die etwaigen besonderen Vorschriften, die hiebei gegeben wurden, enthält. Diesen Ausweis hat der Ermächtigte bei Ausübung seiner Befugnis stets bei sich zu führen und dem Polizei-, Forst- und Feldschutzpersonal auf Verlangen vorzuzeigen.

Außer dem Feilbieten und dem Verkauf (vergl. § 5 Abs. 2 Satz 2 des Vogelschutzgesetzes) ist auch der Ankauf der auf Grund solcher Erlaubnis erlegten Vögel unzulässig.

§ 5. In den Fällen des § 5 Abs. 3 des Vogelschutzgesetzes ist die Bewilligung einzelner Ausnahmen von den Bestimmungen in §§ 1—3 des Gesetzes und in § 2 dieser Verfügung dem Ministerium des Innern vorbehalten.

§ 6. Diejenigen Vogelarten, welche zwar den Schutz der §§ 1—5 des Vogelschutzgesetzes genießen, aber nicht nach § 3 Abs. 2 dieses Gesetzes, § 2 der gegenwärtigen Verfügung oder gemäß orts- oder bezirkspolizeilicher Vorschrift das ganze Jahr hindurch geschützt sind, dürfen auch außerhalb der in § 3 Abs. 1 des Vogelschutzgesetzes bestimmten oder der durch orts- oder bezirkspolizeiliche Vorschrift für sie festgesetzten Schonzeit nur mit besonderer Ermächtigung des Oberamts gefangen und erlegt werden.

Für die Erteilung dieser Ermächtigung, welcher eine Rücksprache mit dem Forstamt vorauszugehen hat, sind die Vorschriften in § 4 Abs. 4 dieser Verfügung maßgebend.

Das Recht, fremde Grundstücke wider den Willen des Eigentümers zu betreten, wird durch diese Ermächtigung nicht erworben.

§ 7. Insofern sich eine Ueberhandnahme der in § 8 des Vogelschutzgesetzes unter Buchstabe c aufgeführten schädlichen Vögel, von welchen namentlich der große und der rotrückige Würger, die Elster, der Eichelhäher, die Rabenkrähe, der Fischreiher, sowie die Tagraubvögel (mit Ausnahme der Turmfalken, Bussarde und Gabelweihen) in Betracht kommen, bemerklich macht, hat das Oberamt zunächst die Jagdberechtigten zur entsprechenden Verminderung derselben unter Festsetzung einer angemessenen Frist aufzufordern. Bleibt diese Aufforderung ohne Erfolg, so kann das Oberamt nach vorgängiger Rücksprache mit dem Forstamt anderen Personen unter Beachtung der in § 4 Abs. 4 dieser Verfügung gegebenen Vorschriften die Ermächtigung zur Erlegung jener Vögel, soweit sie nicht zu den jagdbaren Vögeln gehören, erteilen, wobei die Bestimmung in § 6 Abs. 3 dieser Verfügung auch hier Anwendung findet.

§ 8. Zuwiderhandlungen gegen die über die Verbote des Vogelschutzgesetzes hinausgehenden Bestimmungen dieser Verfügung und der gemäß § 3 derselben erlassenen orts- oder bezirkspolizeilichen Vorschriften werden nach Art. 40 des Landespolizeistrafgesetzes vom 27. Dezember 1871 mit Geldstrafe bis zu 60 *M* oder mit Haft bestraft. Verbotswidrig gefangene Vögel sind auf Verlangen der Polizeibehörde in Freiheit zu setzen.

Der genannten Strafbestimmung unterliegt ferner, wer Hunde oder Katzen im Wald oder freien Feld umherschweifen läßt.

§ 9. Diese Verfügung tritt am Tage ihrer Verkündigung in Kraft.

Mit dem gleichen Tage treten die Verfügungen der Ministerien des Innern und der Finanzen vom 7. Oktober 1890 (Reg.Bl. S. 234) und vom 23. Februar 1907

(Reg.Bl. S. 57), betreffend den Schutz von Vögeln, außer Wirksamkeit.

Stuttgart, den 27. Februar 1909.

Pischek. Geßler.

Beilage 3.

Gesetz vom 29. Juni 1908. Die Abänderung der Gewerbeordnung betreffend.

Einziger Artikel.

Die Gewerbeordnung wird, wie folgt, geändert:

Im § 35, Abs. 2 werden vor den Worten „der Trödelhandel" eingeschoben die Worte: „der Handel mit lebenden Vögeln".

§ 35 der Gewerbeordnung lautet nach der Novelle vom 29. Juni 1908:

§ 35[a]). Die Ertheilung von Tanz-, Turn- und Schwimmunterricht als Gewerbe, sowie der Betrieb von Badeanstalten ist zu untersagen[b]), wenn Thatsachen vorliegen, welche die Unzuverlässigkeit des Gewerbetreibenden in Bezug auf diesen Gewerbebetrieb darthun.

Unter derselben Voraussetzung sind zu untersagen der Handel mit lebenden Vögeln usw.

Ist die Untersagung erfolgt, so kann die Landeszentralbehörde oder eine andere von ihr zu bestimmende Behörde die Wiederaufnahme des Gewerbebetriebes gestatten, soferne seit der Untersagung mindestens 1 Jahr verflossen ist[c]). Personen, welche die in diesem Paragraphen bezeichneten Gewerbe beginnen, haben bei Eröffnung ihres Gewerbebetriebes der zuständigen Behörde hiervon Anzeige zu machen[d]).

a) cf. Landmann, GewO. 4. Aufl. Bd. I S. 300 letzte Zeile bis S. 301 Zeile 14: Eine rückwirkende Kraft hat die Novelle von 1908 nicht; vgl. die Urteile des preuß. OVG. vom 6. Oktober 1884 und 18. Dezember 1884,

Entsch. XI S. 308 und 318, Reger V S. 166, und vom 2. April 1898, PVBl. XIX S. 483, Reger XIX S. 8, Urt. des OLG. Braunschweig vom 2. Februar 1893, Ztschr. f. Rpfl. i. B. Bd. 40 S. 41, dagegen E. d. bayer. VGH. vom 30. Oktober 1884 und 30. Juni 1885, Samml. V S. 323, VI S. 149, Reger V S. 293, VI. S. 175. Den Vorschriften über die Ausübung des Gewerbes (§ 38) sind dagegen auch diejenigen unterworfen, welche die betreffenden Gewerbe schon bisher betrieben haben. Vgl. das Urt. d. bayer. VGH. vom 8. Mai 1882, Samml. III S. 681. (cf. auch Landmann S. 302 Zeile 37 bis S. 303 Zeile 8).

b) cf. Landmann S. 304 Zeile 6 bis Zeile 28: Die Untersagung dürfte für das ganze Staats- (nicht Reichs-) Gebiet zu gelten haben. Die Untersagung trifft, wie das preuß. OVG. in seiner Entsch. vom 15. Februar 1894, Entsch. 26 S. 286, Reger XIV S. 337, ausgesprochen, den Gewerbebetrieb in seiner Gesamtheit, kann sich also nicht etwa bloß gegen seine Ausübung in einem einzelnen Falle oder an einem bestimmten Ort oder für bestimmte Zeit richten; vgl. E. des preuß. OVG. vom 26. Mai 1891, Reger XII S. 128, Entsch. 21 S. 333, Strafbestimmung § 148 GewO. (cf. Landmann S. 303 Zeile 23 bis Zeile 35). Uebrigens ist die Untersagung des Gewerbebetriebes im allgemeinen von einer strafrechtlichen Untersuchung gegen den Gewerbetreibenden und deren Ausgang durchaus nicht abhängig. S. E. d. bayer. VGH. vom 30. Juni 1885, Samml. VI S. 149, Reger VI S. 175. Liegen Bestrafungen vor, so muß auf das ihnen zugrunde liegende Verhalten des Gewerbetreibenden zurückgegangen werden, E. d. preuß. OVG. vom 10. März 1902, GewArch. I S. 647. Auch das Verhalten der Ehefrau kann eventuell bei Prüfung der Zuverlässigkeit des Ehemannes mit in Berücksichtigung gezogen werden (E. d. bayer. VGH. vom 20. November 1889, Samml. VI S. 511, Reger XI S. 9), und umgekehrt (vgl. E. d. preuß. OVG. vom 5. Mai 1902, GewArch. II S. 66), nicht minder das des Vaters bei jugendlichen Personen (E. d. preuß. OVG. vom 21. November 1893, Reger XIV S. 120), wenn nicht sowohl das Kind, als vielmehr der Vater in Wahrheit das betreffende Geschäft betreibt und leitet, das Kind also bloß vorgeschoben ist. Vgl. auch die zit. E. d. bayer. VGH. vom 19. Juni 1901.

e) (cf. Landmann S. 304 Zeile 29 bis S. 305 Zeile 16:) Auch diejenigen, denen die Wiederaufnahme des Betriebs gestattet worden ist, sind zur Anzeige gemäß Abs. 6 verpflichtet (cf. Landmann S. 315 Zeile 15 bis Zeile 42). Bezüglich der Zuständigkeit gilt folgendes:

a) Preußen. Die Anzeige über den Beginn eines Gewerbes der in § 35 bezeichneten Art ist an die Ortspolizeibehörde des Wohnortes des Gewerbetreibenden zu richten. Siehe Ziff. 4 und 7 der AusfAnw. vom 9. August 1899 (MBl. S. 127). Ueber die Untersagung des Betriebs der gedachten Gewerbe entscheidet der Kreis- bzw. Bezirksausschuß (§ 119 des ZuständigkeitsG. vom 1. August 1883) auf Klage der Ortspolizeibehörde des Betriebsortes (Ziff. 49 der zit. Anw.). Die Entscheidung hat in öffentlicher Sitzung nach erfolgter Ladung und Anhörung der Parteien zu erfolgen. (Siehe Urt. d. OVG. vom 6. Oktober 1884, Entsch. Bd. 9 S. 308, Reger Bd. 5 S. 166).

b) Bayern. Hier bestimmt § 17 der VollzV. vom 29. März 1892 das nachstehende: „Zur Entgegennahme der Anzeigen von dem Beginne der in § 35 der GewO. bezeichneten Gewerbe sind die Distriktsverwaltungsbehörden, in München die Polizeidirektion zuständig. Denselben kommt auch die Untersagung des Betriebs zu." Die MinBek. vom 13. Februar 1897, GVBl. S. 30, überträgt den gleichen Behörden die Gestattung der Wiederaufnahme.

c) Sachsen. Zur Entgegennahme der Anzeige und zur Untersagung des Gewerbebetriebes sind die unteren Verwaltungsbehörden zuständig. AusfVO. vom 28. März 1892 und OrganisationsG. vom 21. April 1873 § 11 A Ziff. 4, GVBl. S. 275 (siehe auch die VO. vom 30. Juli 1885, die Winkelschriftsteller und Winkelagenten betr. GVBl. S. 60). Nach VO. vom 14. August 1896, Fischer Bd. 17 S. 329, behält sich das Ministerium des Innern die Gestattung der Wiederaufnahme vor, beauftragt eventuell im einzelnen Fall andere Behörden.

d) Württemberg. Zur Annahme der Anzeigen

über die Eröffnung des Gewerbebetriebes und zur Untersagung des Fortbetriebes des Gewerbes sind die Oberämter zuständig. (§§ 27, 28 der MinVO. vom 9. November 1883, RBl. S. 244), zur Gestattung der Wiederaufnahme die Kreisregierungen (§ 3 der MinVO. vom 12. Dezember 1896, RBl. S. 322).

d) (cf. Landmann S. 314 Zeile 43 bis S. 315 Zeile 14:) Die hier vorgeschriebene Anzeige ist eine besondere, welche neben der in § 14 GewO. vorgeschriebenen zu erfolgen hat. Vgl. Urt. d. RGStr. vom 17. November 1887, Entsch. Bd. 16 S. 393, Rechtspr. Bd. 9 S. 619, Reger Bd. 8 S. 338, Urt. d. OLG. Dresden vom 23. Mai 1901, Annalen Bd. 22 S. 419, GewArch. Bd. 1 S. 468, Reger Bd. 22 S. 300. Nicht anzeigepflichtig sind nach einem Erlaß des sächsischen Justiz-Ministeriums vom 12. August 1886 (Reger Bd. 8 S. 6) die sächsischen „Ortsgerichtspersonen", welche zu den Organen der Justizpflege zählen.

Bei Gesellschaften ist jeder Gesellschafter (wenn auch nicht in besonderer Eingabe) zur Anzeige verpflichtet. Wird in diesen Fällen der Betrieb durch einen Stellvertreter (§ 45) geübt, so liegt diesem die Pflicht der Anzeige ob.

Beilage 4.

Reichsstrafgesetzbuch.

§ 367. Mit Geldstrafe bis zu 150 Mark oder mit Haft wird bestraft:

8. wer ohne polizeiliche Erlaubnis an bewohnten oder von Menschen besuchten Orten Selbstgeschosse, Schlageisen oder Fußangeln legt oder an solchen Orten mit Feuergewehr oder anderem Schießwerkzeug (z. B. Bolzengewehr) schießt oder Feuerwerkskörper abbrennt.

Beilage 5.

Bayerisches Polizeistrafgesetzbuch vom 26. Dezember 1871.

Art. 125 Abs. 4. An Geld bis zu 30 Mark oder mit Haft bis zu 6 Tagen wird gestraft, wer Vögel, deren Einfangen, Töten oder Verkauf durch Verordnung verboten ist, einfängt, tötet oder verkauft.

Beilage 6.

Ortspolizeiliche Vorschriften der Kgl. Polizeidirektion München vom 6. Oktober 1902 über den Straßenverkehr und den Verkehr in öffentlichen Anlagen.

§ 84. In allen öffentlichen Anlagen ist vorbehaltlich besonderer Berechtigung verboten

11. Vögel zu fangen oder Vogelnester auszunehmen, zu schießen, zu fischen und zu jagen. (Gilt auch für ungeschützte Vögel z. B. Spatzen, die an sich gefangen werden dürfen).

§ 125. Verboten ist das .... Abschießen von Knallbüchsen und ähnlichem Spielzeug ....

Beilage 7.

Bürgerliches Gesetzbuch.

§ 958. Wer eine herrenlose bewegliche Sache[a]) in Eigenbesitz nimmt, erwirbt das Eigentum an der Sache.

Das Eigentum wird nicht erworben, wenn die Aneignung gesetzlich verboten ist[b]), oder wenn durch die Besitzergreifung das Aneignungsrecht eines Anderen verletzt wird[c]), [d]).

a) Vögel, Eier.

b) Durch das Vogelschutzgesetz, durch § 368 Ziff. 11 StGB. (Entsch. des RG. Bd. 37 S. 232).

c) so bei den jagdbaren Vögeln.

d) Eigentum ist sonach zunächst an den in § 8a des VSchG. erwähnten Vögeln möglich. An den im § 8b genannten Vögeln, die zunächst herrenlos sind, kann nur der Jagdberechtigte Eigentum erwerben, der Nichtjagdberechtigte bloß Besitz, so daß das gewilderte Federwild herrenlos bleibt (E. vom 25. September 1906 in JW. 1906, S. 758). Erst ein gutgläubiger Dritter (Käufer) kann Eigentum gemäß § 932 BGB. erwerben (Entsch. des RG. Bd. 39 S. 427). An den in § 8c genannten Vögeln kann gemäß § 958 BGB. Eigentum erworben werden.

Da die geschützten Vögel auch nach der Besitzergreifung herrenlos bleiben, ist an ihnen ein Diebstahl unmöglich. Nimmt ein Dritter gewildertes Federvieh oder einen gefangenen geschützten Vogel dem Fänger weg, so liegt nur, wenn der Dritte Eigentum vermutete, Diebstahlsversuch vor.

Beilage 8.

Ueberficht über die in sämlichen Bundesstaaten und Elsaß-Lothringen geltenden hauptsächlichen Vogelschutz-Bestimmungen, insbesondere betr. den Krametsvogelfang.

Preußen: Alle Drosseln sind jagdbar. Schonzeit vom 1. Januar bis 20. September (Wildschongesetz vom 14. Juli 1904 § 2). Das Ende der Schonzeit kann jedoch aus Rücksichten der Landeskultur oder der Jagdpflege durch Beschluß des Bezirksausschusses bis 30. September hinausgeschoben werden (§ 3 daselbst).

Das Fangen oder Erlegen einer Drossel während der Schonzeit wird mit einer Geldstrafe von 2 Mark bestraft. Sind mildernde Umstände vorhanden, so kann die Strafe bis auf 1 Mark für jedes Stück ermäßigt werden (§ 13 daselbst).

Zum Fangen und Erlegen der Drosseln ist ein Jagdschein erforderlich (Jagdscheingesetz vom 31. Juli 1895, JO. vom 15. Juli 1907).

Bayern: Nur die Wachholderdrossel (der Krametsvogel) ist jagdbar. Die Hegezeit ist vom 1. April bis 1. Juni bestimmt, im übrigen der Fang freigegeben (Königl. VO. vom 11. Juli 1900; Jagdpolizei-VO. vom 5. Oktober 1863; VO. vom 19. Oktober 1908, den Vogelschutz betr.).

Sachsen: Nur die Wachholderdrossel ist jagdbar. Schonzeit: 1. März bis 15. November. Das Fangen und Schießen aller übrigen Drosselarten, sowie jede auf ihren Fang berechnete Veranstaltung, das Zerstören und Ausnehmen ihrer Nester ist verboten. Auch dürfen sie zu keiner Zeit feilgeboten und verkauft werden. Gänzlich verboten ist bei allen Drosselarten der Fang mit (Dohnen) Netzen, Schlingen, Sprenkeln u. dgl. (VO. vom 27. Juli 1878; § 8 der Ausführungs-VO. zum Jagdpolizeigesetz vom 1. Dezember 1864; Schonzeitgesetz vom 22. Juli 1876 § 1).

Württemberg: Keine Drosselart ist jagdbar. Sie sind das ganze Jahr geschützt; Vollzugsverf. vom 27. Februar 1909.

Baden: Jagdbar sind die Wachholderdrossel, Misteldrossel und Weindrossel. Die Erlegung der jagdbaren Drosseln ist nur mittels Anwendung von Schußwaffen und nur in der Zeit vom 24. August bis 31. Januar gestattet. Die übrigen Drosselarten (Schwarz-, Ring- und Singdrossel) sind das ganze Jahr geschützt. VO. des Großherzogl. Ministeriums d. J. vom 24. September 1894.

Hessen: Der Krametsvogelfang ohne praktische Bedeutung.

Mecklenburg-Schwerin: Der Krametsvogel jagdbar. Schonzeit 1. Januar bis 20. September. § 1 VO. vom 14. Januar 1871 betr. das Jagdrecht. § 2 der VO. vom 15. April 1904 betr. Schonzeit des Wildes.

Sachsen-Weimar: Krametsvogel jagdbar. Schonzeit 1. März bis 30. September. Der Fang auf dem Vogelherd ist dem Jagdberechtigten in der Zeit vom 15. Oktober bis 31. Dezember gestattet. Gesetz über die Schonzeit des Wildes vom 19. April 1876 § 1; Gesetz, betr. die jagdbaren Vögel vom 14. Februar 1894; Ministerial-VO. zum Schutze nützlicher Vögel vom 1. Mai 1894 §§ 1—4.

Mecklenburg-Strelitz: Alle Drosseln jagdbar. Schonzeit 1. Januar bis 20. September. VO. betr. das Jagdrecht vom 14. Januar 1871; VO. betr. die Schonzeit vom 3. Mai 1904.

Oldenburg: Krametsvögel weder jagdbar, noch in Sprenkeln oder Aufschlägen, Leimruten, Vogelnetzen oder Fangkäfigen fangbar. Gesetz, betr. den Schutz nützlicher Vögel vom 11. Januar 1873.

Braunschweig: Jagdbar. Keine Schonzeit. Keine gesetzlichen oder polizeilichen Bestimmungen.

Sachsen-Meiningen: Jagdbar. Schonzeit 1. März bis Ende September. Den herzogl. Forstbeamten ist der Vogelfang verboten. Ausschreiben vom 11. Januar 1875, betr. die Schonzeit des Wildes; Dienstvorschriften für die Domänen-Forstverwaltung vom 10. April 1892 § 23 IV 2.

Sachsen-Altenburg: Der Krametsvogel darf weder gefangen noch getötet werden. Nur dem Jagdberechtigten bleibt der Krametsvogelfang auf dem Vogelherd in der Zeit vom 15. Oktober bis 31. Dezember gestattet. VO. betr. den Schutz der Vögel vom 5. September 1894.

Sachsen-Koburg-Gotha: Jagdbar. Aufstellen von Fangvorrichtungen jedoch verboten. Schonzeit 1. März bis 30. September. Gesetz für das Herzogtum Gotha vom 18. Februar 1876.

Anhalt: Jagdbar.

Schwarzburg-Sondershausen: Jagdbar. Fang auf dem Vogelherd bleibt dem Jagdberechtigten in der

Zeit vom 15. Oktober bis 31. Dezember gestattet. MinVO. vom 26. Mai 1894, betreffend den Schutz nützlicher Vögel.

Schwarzburg-Rudolstadt: Jagdbar. Schonzeit 1. März bis Ende September. Gesetz über die Schonzeit vom 18. Juli 1874.

Waldeck: Jagdbar. Schonzeit 1. März bis Ende September. Jagdpolizeigesetz vom 29. April 1854.

Reuß ä. L.: Jagdbar. Schonzeit 1. Februar bis 1. September. VO. vom 20. Juli 1903, betreffend die Schonzeit; VO. vom 7. Juni 1894, betreffend den Schutz nützlicher Vögel.

Reuß j. L.: Jagdbar. Schonzeit 1. Februar bis 15. Oktober. Netzfang stets verboten. Jagdgesetz vom 7. April 1897 (§ 2); landesherrliche VO. zum Schutze nützlicher Vögel vom 1. Mai 1895.

Schaumburg-Lippe: Jagdbar. Schonzeit 1. Januar bis 20. September. Gesetz, betreffend die Schonzeit des Wildes vom 25. März 1905.

Lippe: Jagdbar; keine Schonzeit.

Lübeck: Jagdbar. Jagdgesetz vom 28. Februar 1900.

Bremen: Keine Bestimmungen.

Hamburg: Jagdbar. Schonzeit 1. Januar bis 20. September. Jagdgesetz vom 2. Januar 1903 und Novelle zu diesem Gesetz, betreffend die Schonzeit des Wildes vom 27. Dezember 1905.

Elsaß-Lothringen: Jagdbar, doch nur mit Schußwaffen. Schonzeit 1. Januar bis 20. September. Gesetz vom 2. Juli 1890. VO., betreffend den Schutz von Vögeln, vom 16. Juli 1890.

Sachregister.

(Die großen Ziffern bedeuten die Paragraphen, die kleinen die Anmerkungen.)

T.

U.

V.

W.

Z.

Müller, Dr. Gustav, Kgl. I. Staatsanwalt im Justizministerium.

Meikel, Georg, Kgl. Landgerichtsrat in München.

Das Bürgerliche Recht des Deutschen Reichs. Systematisch dargestellt und durch Beispiele erläutert. 2. **vollst. umgearb. Auflage.** 8°. (XXVIII, 1853 S.) 2 **Bde.** 1904. **Preis** brosch. **Mk.** 18.—, geb. **Mk.** 20.—.

Müller-Meikel ist für die Praxis geschrieben: Für die Praxis des Studierenden und jungen Juristen sowohl, wie für jene des erfahrenen älteren Juristen. Der doppelte Zweck ist nach allgemeinem Urteil trotz des zunächst zu vermutenden inneren Widerspruchs aufs glücklichste erreicht worden.

Sauer, Karl, Kgl. Landgerichtsrat in Würzburg.

Das deutsche Eheschließungs- und Ehescheidungsrecht unter Berücksichtigung der Haager internationalen Privatrechtsabkommen vom 12. Juni 1902. (XII, 778 S.) Eleg. in Ganzleinen geb. **Mk.** 16.—.

Das vorliegende Werk greift aus dem deutschen bürgerlichen Rechte einen überaus wichtigen Teil heraus, der nunmehr infolge des Inkrafttretens der Haager internationalen Abkommen über Eheschließung und Ehescheidung eine erhöhte Bedeutung gewonnen hat. Das Buch ist in erster Linie für die Praxis bestimmt und dürfte dem Rechtsanwalt und Richter ein willkommenes Hilfsmittel sein, das ihm bald unentbehrlich werden wird.

Schweitzers Zettelausgaben

Soeben erschien:

Nr. 5

mit den letzten Gesetzen betr. Aenderungen

des **BGB.**, **GVG.**, der **ZPO.**, des **GKG.**

und der **RAGebO.**

In gelber Mappe. **Preis** 80 **Pfg.**

Die einseitig bedruckten Blätter enthalten den neuen Text unter Hervorhebung der Aenderungen.

Jede ältere Ausgabe der Gesetze wird durch die Zettelausgabe wieder brauchbar.

J. Schweitzer Verlag (Arthur Sellier) München u. Berlin.

Frankenburger, Dr. Heinr., Rechtsanwalt und Justizrat in München.

Handelsgesetzbuch für das Deutsche Reich (mit Ausnahme des Seerechts) nebst dem Einführungsgesetze. Handausgabe mit Erläuterungen und ausführlichem Sachregister. 2. vollständig umgearbeitete Auflage. 8°. (XI, 724 S.) 1902. In Ganzleinen geb. Mk. 8.60.

Das Buch ist aus der Praxis herausgewachsen. Es zeigt eine ungemein sichere Beherrschung des vielseitigen Stoffes, ein sehr feinfühliges Verständnis für die Bedürfnisse der Regsamkeit im Handel und ein beachtenswertes Geschick in Handhabung, Auslegung und Anwendung der Rechtsvorschriften.

Lessing, Dr. Hans, Rechtsanwalt und Bankvorstand.

Scheckgesetz vom 11. März 1908. Mit Einleitung, Erläuterungen und Sachregister, sowie einem Anhang betr. die Einführung des Post-Ueberweisungs- und Scheckverkehrs. 8°. (VIII, 262 S.) In Leinen geb. Mk. 5.—.

Deutsche Juristenzeitung, 1909 Nr. 4.

Von den bis jetzt erschienenen größeren Kommentaren zum Scheckgesetz scheint mir der wertvollste der von Lessing. Er hat den Vorteil, daß er zurzeit das zuletzt erschienene Erläuterungswerk ist und daher sein Verfasser in der Lage war, die gesamte bis dahin erschienene Literatur eingehend zu verarbeiten. Das ist auch mit bestem Erfolge und mit wünschenswerter Gründlichkeit geschehen.

Justizrat Dr. F. Bondi, Dresden.

Zehnter, Dr. J., Landg.-Präsident in Offenburg, M. d. R.

RG. über den Versicherungsvertrag mit dem Einführungsgesetz und dem Gesetz betr. Abänderung der Vorschriften des HGB. über die Seeversicherung. 8°. (XVI, 304 S.) Geb. Mk. 6.50.

Dem Versicherer, Versicherten und dem Juristen ist hier eine praktische Handausgabe für den täglichen Gebrauch geboten. Seine genaue Kenntnis des Privatversicherungswesens und seine Mitwirkung am Zustandekommen des Versicherungsvertragsgesetzes lassen den Verfasser zu dessen Kommentierung als besonders berufen erscheinen. Die Erläuterungen sind präzis und übersichtlich gehalten.

J. Schweitzer Verlag (Arthur Sellier) München u. Berlin.

Friedländer, Dr. Adolf, Landg.-Rat in Limburg a. L. u.
Friedländer, Dr. Max, Rechtsanwalt in München.

Kommentar zur Rechtsanwaltsordnung vom 1. Juli 1878. Lex. 8°. (VIII, 371 S.) 1908. In Ganzln. geb. Mk. 9.60.

OLGRat M. in „Augsburger Abendzeitung", 1908 Nr. 24. Ein großangelegter Kommentar zum Grundgesetz der Rechtsanwaltschaft. Mit der größten Sorgfalt und Umsicht sind in den Erläuterungen .. das ganze einschlägige gesetzgeberische Material, die Literatur und Rechtsprechung herangezogen und verwertet. . . . Man sagt oft von vielen neu erscheinenden Büchern mit größerem oder geringerem Recht, daß sie einem Bedürfnis entsprechen und eine Lücke ausfüllen. Von diesem Kommentar kann man es mit vollem Recht sagen.

Müller, Dr. Ernst, Landg.-Rat u. Mitglied des Reichstags für Meiningen, des bayer. Landtags für Hof.

Das deutsche Urheber- und Verlagsrecht. I. Band: 1. Teil: Das Reichsgesetz betr. das Urheberrecht an Werken der Literatur und Tonkunst. 2. Teil: Die internationalen Urheberrechtsbeziehungen des Deutschen Reichs. 3. Teil: Das Reichsgesetz betr. das Verlagsrecht. Mit Erläuterungen und ausführlichem Sachregister. 8°. (VIII, 425 S.) 1901. Mk. 7.—, in Ganzleinen geb. Mk. 8.20.

II. Band: Urheberrecht an Werken der bildenden Künste und der Photographie. Gesetz vom 9. Januar 1907. Mit Erl. und ausf. Sachregister. 8°. (VIII. 332 S.) 1907. Mk. 5.50, in Ganzleinen geb. Mk. 6.50. (Die Bände sind einzeln käuflich.)

Meisner, Dr. Christian, Rechtsanwalt in Würzburg.

Die Vorschriften des BGB. über die Viehgewährschaft nebst der Kaiserl VO. vom 27. März 1899. 2. vollst. umgearb. Auflage. 8°. (VIII, 202 S.) 1908. geb. Mk. 4.—.

Diese Handausgabe bietet nicht nur die neueste, sondern wohl auch die umfassendste Darstellung des schwierigen und an sich unübersichtlichen Rechtsstoffes. Sie zeigt deutlich, daß der Verfasser über reiche praktische Erfahrungen aus der Handhabung des Viehgewährschaftsrechts verfügt. Ein ausführliches Sachregister ist beigegeben.

J. Schweitzer Verlag (Arthur Sellier) München u. Berlin.

FSC
www.fsc.org
MIX
Papier | Fördert
gute Waldnutzung
FSC® C083411

Kolibri 360 GmbH
Ferdinand-Jühlke-Straße 7
99095 Erfurt, Deutschland
produktsicherheit@kolibri360.de